À Gabrielle et Achille

Merci à Josette Grandazzi, Catherine Marquet,
Hugues Charreyron et Annick Duboscq

Dans la même collection

Mon petit centre Pompidou

Mon petit Cluny

Mon petit Guimet

Mon petit Louvre

Mon petit Orsay

Mon petit Picasso

Mon petit quai Branly

Mon petit Versailles

Relecture : Cécile Reichenbach

Iconographie : Hanna Nelson

Conception graphique
et mise en pages : Chloé du Colombier

Photogravure : I.G.S.

Impression : Mame, Tours, France

Marie Sellier

Ma petite Orangerie

rmn jeunesse

Il y a longtemps, très longtemps, bien avant la voiture, le téléphone et l'électricité, lorsque les messieurs portaient des chapeaux hauts de forme et les dames de larges robes à crinoline, une allée du jardin des Tuileries, à Paris, était bordée d'orangers plantés dans de grands pots carrés.

L'hiver, pour qu'ils ne gèlent pas, on les rentrait dans l'orangerie, jusqu'au printemps suivant.

Aujourd'hui, les orangers ont disparu, on ne les range plus l'hiver dans le joli pavillon vitré. Dans l'orangerie désertée, d'autres fruits, d'autres fleurs ont remplacé les oranges d'autrefois.

Claude Monet y a installé son fabuleux jardin d'eau et de peinture, et la collection de tableaux de Paul Guillaume et de Jean Walter y a tout naturellement trouvé sa place.

il y a ... un matin

Nouveau jour sur la terre, nouveau matin.
L'eau du grand bassin frissonne à peine
sous un ciel très pur. L'air est transparent.
Le vieux peintre contemple son merveilleux jardin sur l'eau.
Les nymphéas, posés sur le radeau bien vert de leurs feuilles en corolle
n'ont pas encore ouvert leurs grands pétales rosés.
Tout est calme. Un chant d'oiseau, un frottement léger, répété...
C'est le pinceau, la large brosse du vieux peintre
qui va et vient sur la grande toile rêche.
Sur la palette, les bleus se mêlent aux roses,
aux mauves, aux jaunes de paille à peine teintés de vert.
Lentement, en prenant tout son temps,
Claude Monet peint le ciel dans le miroir de l'eau.

Claude Monet
Les Nymphéas : Matin
vers 1914-1926

il y a ... Paul qui pose

Il s'appelle Paul, comme son père.

Paul-le-fils et Paul-le-peintre. Paul Cézanne.

Tout à l'heure, Paul était à l'école :

il porte encore sa blouse bleu sombre d'écolier.

Dans la cour, il a couru, il a joué avec ses camarades,

mais maintenant, assis de trois quarts sur ce fauteuil à oreilles,

il est plus immobile qu'une statue. Son père déteste qu'il bouge

quand il pose. Il n'est pas commode, son père. Tout le monde le sait.

Paul-le-fils regarde devant lui. On ne sait pas à quoi il pense.

Peut-être qu'il ne pense à rien. Il se tait.

Paul-le-peintre pose des petites touches de bleu sur la joue de son garçon.

Pour l'ombre. Et sur les lèvres, une légère trace de rouge

qui lui fait presque une bouche de fille.

Paul Cézanne
Portrait du fils de l'artiste
1881-1882

il y a ... un petit Coco qui joue

Autre fils, autre père.

Renoir, lui, ne fait pas poser Coco,

il le regarde jouer.

Et pendant que son petit garçon joue, il le peint.

Une touche de bleu : « haut les mains ! »

dit le sergent sur la colline.

Une touche de blanc : « sauvé ! »

s'exclame l'homme aux mains des Indiens.

Une touche de marron : « Fuyons !

cachons-nous derrière l'arbre ! » dit le chef indien.

Une touche de vert : « Trop tard » gémit l'autre Indien.

Une touche de noir : « Nous sommes faits ! » murmurent-ils tous les deux.

« On a gagné ! » s'écrie Coco.

« Bravo, mon petit Coco ! » applaudit Renoir.

Auguste Renoir
Claude Renoir jouant
1905

il y a ... du monde dans la carriole

« Hue ma Rosa ! » dit le père Junier, qui a une belle moustache et la raie au milieu. Mais Rosa n'avance pas.

« On ne va tout de même pas y passer tout l'après-midi ! » rouspète la mère Junier, au chignon gris.

« Quelle tête de mule, cette Rosa ! » gémit sa nièce Léa.

« Waff ! » jappe le chien bizarre sur ses genoux.

« S'il te plaît, Rosa, soit gentille ! » supplie la petite fille à tête de grande personne. Mais Rosa ne bouge pas.

Cinq personnes et un chien, c'est beaucoup trop lourd à tirer.

Et puis ces œillères l'empêchent de voir le paysage !

Elle veut être libre, Rosa, comme les deux chiens : le petit et le grand.

Et monsieur Rousseau au chapeau de paille, que pense-t-il de tout cela ?

Il pense : « Tant pis pour la promenade, voilà qui fera un bien joli tableau. »

Henri Rousseau dit le Douanier
La Carriole du père Junier
1908

il y a ... des maisons qui font de la gymnastique

Un, deux, trois, toutes à la fois,

un pas à droite, un pas à gauche,

on se balance et on revient.

On ouvre bien les fenêtres,

on gonfle la poitrine,

on respire par la porte,

on se déhanche,

on penche le toit à gauche,

et on s'étire, on s'étire bien,

en direction du ciel.

On grandit, on grandit,

mains sur les hanches, et on revient.

On souffle.

Un, deux, trois, et on recommence...

Chaïm Soutine
Les Maisons
vers 1920-1921

il y a ... un jardin sur l'eau

Le vieux peintre aime les fleurs à la folie.
Et s'il est peintre absolument,
jardinier il l'est tout autant.
Dans son grand jardin de Giverny,
il a planté des pivoines et des iris,
des roses, des dahlias et des lys,
et sur son bassin, son chef-d'œuvre,
des nénuphars, marins d'eau douce,
qu'il préfère appeler nymphéas.
À l'ombre des roseaux et des grandes fougères de Kalmia,
ils déroulent des tapis entre lesquels
flottent des lambeaux de ciel bleu.

Claude Monet
Les Nymphéas : Matin
vers 1914-1926

il y a ... un jardin du bout du monde

Là-bas, sur l'île d'Hiva Oa,
la nature est un jardin de paradis
planté d'arbres argentés,
de cocotiers et de bananiers.
La mer n'est jamais loin.
Un peintre s'y est installé :
il s'appelle Paul Gauguin.
Des enfants traversent les hautes herbes
pour le rejoindre. Un grand les accompagne.
Ils viennent voir l'homme qui fait des hommes,
qui fait des arbres, ce sorcier blanc
qui recopie le monde à sa façon,
avec un bâton et des couleurs.

Paul Gauguin
Paysage
1901

il y a ... des pommes

Pommes jaunes, pommes rouges,

pommes d'automne,

et deux petits biscuits dans une assiette bleue.

Pommes à couper, pommes à croquer,

pommes délicieuses,

prends un biscuit, je prendrai l'autre.

Les pommes, nous les laisserons à Cézanne

qui les peint mieux que personne.

Paul Cézanne
Pommes et biscuits
vers 1880

il y a ... une table endormie

« Allons, allons, réveillez-vous ! » dit le panier à salade
en sautant sur les assiettes. « On prépare le repas
et on met le couvert. Allez, la poêle, va faire revenir
les oignons ; toi le gril, tu t'occuperas de la viande.
La salade, on la mettra dans la soupière,
le riz dans la passoire. Allons, allons, vite !
On râpe le fromage et on coupe le persil.
Dépêchez-vous, les ciseaux !
Toi, le tire-bouchon, va chercher la bouteille.
Et qu'on remplisse cette carafe d'eau.
Mais où est le verre ? Allez me chercher un verre !
Ma parole, ils dorment tous dans cette nature morte !
Ah ça, elle porte bien son nom !
On se croirait chez la Belle au bois dormant ! »

André Derain
La Table de cuisine
vers 1922

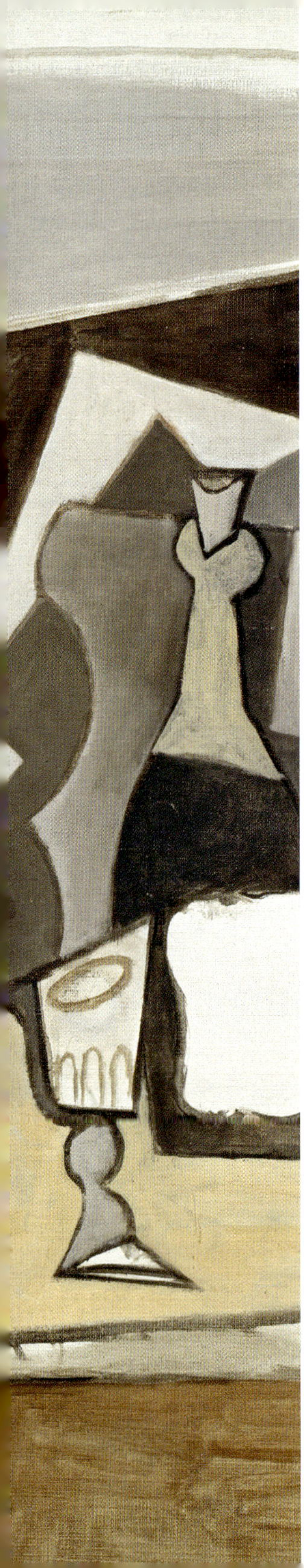

il y a ... un plateau animé

« Je boirais bien un petit coup » dit le verre de Picasso

en se trémoussant sur son pied.

Il a le nez pointu.

« Paye d’abord ton ardoise, et on verra ensuite »

dit la patronne, qui a de la bouteille.

Et elle noue son tablier blanc autour de son gros ventre.

Ça fait bien rire le compotier

qui fait des cocottes en papier.

Et la table, sans ouvrir son tiroir,

se gondole à s’en décrocher le plateau.

Tout ça c’est du chiqué :

tout le monde sait que la patronne

ne refuse jamais rien au verre à pied.

Pablo Picasso
Grande Nature morte
1917

il y a ... un apprenti voyageur

Le jeune apprenti de Modigliani
a des yeux de ciel de Normandie,
les cheveux de la couleur des feuilles en automne,
la peau dorée comme les chemins de Provence.
Sa chemise a le teint des murs gris de Paris,
son gilet, son veston, le ton des ardoises de Bretagne,
son pantalon, celui des rivières après la pluie.
Et il rêve, le jeune apprenti de Modigliani :
il rêve qu'il est un oiseau
et qu'il vole au-dessus du monde joli.
Loin de la maçonnerie, de la menuiserie,
qu'est-ce que ça peut faire ?
Il est apprenti rêveur, apprenti voyageur,
apprenti ensorcelé, ensorceleur.

Amedeo Modigliani
Le Jeune Apprenti
1918-1919

il y a ... deux filles qui attendent

Dans la chambre du bord de mer,

deux filles attendent dans la lumière claire

d'un jour d'hiver ou de printemps.

Pâles couleurs du temps qui passe :

bleus de ciel délavé, gris de perle, blancs de porcelaine,

mauves tendres, rouges passés, blonds pâles et ors ternis.

Bientôt les anémones seront fanées.

Dehors, seul, un palmier ébouriffé.

Elles attendent qui ?

Elles attendent quoi ?

Peut-être tout simplement que le peintre

ait terminé son tableau.

Quand Matisse aura posé ses pinceaux,

elles iront se promener sur la plage.

Henri Matisse
Le Boudoir
1921

il y a ... des nuages sur l'eau

Quelques beaux nuages blancs
se poursuivent à la surface de l'eau.
Le vieux peintre n'a pas à lever la tête
pour suivre leur course dans le ciel,
le bassin aux nymphéas reflète
tout ce qui se passe là-haut.
Du bout de son pinceau, le vieux peintre
monte ses blancs en neige légère, légère,
et fait tourbillonner les nuages
sur le turquoise et l'azur du grand bassin de Giverny.
Chaque jour, sur d'immenses panneaux collés au mur,
Claude Monet réinvente son cher bassin aux nymphéas.

Claude Monet
Les Nymphéas :
Les Nuages
vers 1914-1926

il y a ... un secret

Que lui chuchote-t-elle à l'oreille ?

On peut s'approcher au plus près,

on peut tendre l'oreille,

rien n'y fait, le secret est bien gardé.

On ne saura pas pourquoi la petite a les joues si rouges,

pourquoi la grande a l'air rêveur.

Reste le portrait de deux filles en robe d'autrefois,

chapeau de paille et nœud dans les cheveux.

L'une rousse, l'autre brune,

toutes deux jolies, petit nez,

les joues rondes,

deux petites filles modèles

dont on ne saura rien de plus.

Auguste Renoir
Portrait de deux fillettes
1890-1892

il n'y a pas ... un sourire

Mais c'est qu'elle n'a pas l'air commode du tout
cette petite fille en robe rouge
dont les jambes s'enfoncent
dans un tapis d'herbe piqué de coquelicots
et de marguerites blanches et noires !
Et sa poupée non plus ! Pas un sourire !
Il ne faudrait pas s'imaginer que jouer veut dire s'amuser.
Les adultes ne comprennent rien à rien !
« Allez, allez, laissez-nous tranquille,
poupée Raymonde et moi,
nous n'aimons pas qu'on nous regarde ! »

Henri Rousseau dit le Douanier
L'Enfant à la poupée
vers 1892 ?
vers 1904-1905

il y a ... un portrait graffité

Regardez bien en haut du tableau, à gauche, ces treize lettres capitales :

PAUL GUILLAUME. Un nom qui sonne comme deux prénoms.

Le nom de cet homme, chapeau mou, petite moustache,

cravate nouée serrée, cet homme aux épaules tombantes

qui fume une cigarette en nous regardant.

« Oui, c'est moi Paul Guillaume. »

Il est l'ami des artistes. Il est aussi marchand de tableaux.

Il aime le travail du peintre italien Amedeo Modigliani, qui fait son portrait.

Il a du flair. Modigliani l'appelle NOVO PILOTA,

ce qui, en italien, signifie nouveau pilote.

Oui, Paul Guillaume est le nouveau pilote de l'art,

celui qui découvre les talents.

Cette collection de tableaux de l'Orangerie,

c'est lui qui l'a réunie.

Amedeo Modigliani
Paul Guillaume, Novo Pilota
1915

il y a ... un petit navire

Il était un petit navire, oyez, oyez,
drapeaux au vent, vive la France,
qui naviguait sur l'océan, si grand, si grand.
Alors qu'il rentre au port, bâbord, tribord,
à toute vapeur, haut les cœurs,
il est pris dans une tempête, saperlipopette !
Des vagues hautes comme ça, aaah !
Des éclairs, du tonnerre, bonne mère !
Pauvres matelots au milieu des flots, oooh !
Mais le capitaine, tontaine,
s'appelle le Douanier Rousseau, oho !
Il a le pied marin, ce n'est pas rien,
et sa peinture résiste à l'eau, allo, allo !
Voilà pourquoi, taratata, son beau bateau ne coulera pas.

Henri Rousseau dit le Douanier
Navire dans la tempête
vers 1899

il y a ... un soir

Fin d'un jour.

Le soleil a allumé un grand incendie dans le ciel

et jeté un manteau d'or et de rose

sur le bassin aux nymphéas,

un précieux manteau du soir brodé d'herbes bleues.

Le feu ne durera pas longtemps,

quelques minutes, pas plus.

Mais pour rien au monde, le vieux peintre

ne manquerait ce spectacle du soir.

Toute la journée, il a peint, gratté, retouché

le grand panneau de son rêve d'eau.

Ce soir, il est satisfait.

Il est temps maintenant de quitter l'atelier.

Bonsoir monsieur Monet.

Claude Monet
Les Nymphéas : Soleil couchant
vers 1914-1926

Tu peux retrouver

les deux filles qui attendent,

le jardin sur l’eau, le petit navire

et les autres au musée de l’Orangerie à Paris.

Il est ouvert tous les jours sauf le mardi.

www.musee-orangerie.fr

Couverture et pages de garde :
Claude Monet, *Les Nymphéas : Matin*, vers 1914-1926 (détail)
Henri Rousseau dit le Douanier, *La Carriole du père Junier*, 1908 (détails)

pages 5, 6-7, 44 :
Claude Monet, *Les Nymphéas : Les Nuages*, vers 1914-1926 (détails)

Crédits photographiques :
Réunion des musées nationaux
© F. Raux : p. 11, 13, 15, 23, 35, 37, 41
© H. Lewandowski : p. 9, 17, 19,
21, 25, 27, 29, 33, 39, 43
© T. Le Mage : p. 31

Loi n° 49 956 du 16 juillet 1949
sur les publications destinées à la jeunesse

Dépôt légal : avril 2010
ISBN 978-2-7118-5741-8
JC 70 5741